APOLLON ET CLYTIE,

OU

L'AMOUR PROTECTEUR,

BALLET EN DEUX ACTES,

De la composition de M. ANIEL, premier Danseur du Grand-Théâtre de Bordeaux;

Musique arrangée et composée par M. HERDLIZKA;

Décorations nouvelles peintes par M. OLIVIER, Décorateur du Grand-Théâtre.

Représenté pour la première fois, sur le Grand-Théâtre de Bordeaux, le 16 Avril 1819.

BORDEAUX,

Chez P.re COUDERT, imprimeur-libraire, rue St-Remy, n.° 41.

―――

AVRIL 1819.

AVERTISSEMENT
DE L'AUTEUR.

Je ne puis me défendre d'un sentiment de crainte, en offrant mon premier essai sur un Théâtre que MM. Dauberval, Blache et Gallet ont enrichi de leurs brillantes productions : cependant, le souvenir de la bienveillance dont le Public a daigné m'honorer, me fait tout attendre de son indulgence, et ce que mes efforts pour lui plaire n'auraient pû mériter dans cet essai, j'ose l'espérer du zèle et des talens de mes Camarades.

Épître Dédicatoire

à M. Gardel,

Premier Maître de Ballets à l'Académie Royale de Musique.

Monsieur,

En entrant dans la carrière chorégraphique, que vous parcourez avec tant de gloire, il serait d'un favorable augure pour moi d'être honoré de votre appui.

Daignez accueillir ce premier essai comme un tribut de mon admiration et de ma reconnaissance : puisse-t-il, sous vos auspices, mériter des encouragemens! Sans m'aveugler sur mes propres forces, ils doubleront mon zèle, et peut-être un jour, aidé de vos conseils, je pourrai obtenir la faveur du Public, qui n'est justement accordée qu'à ceux qui marchent sur vos traces.

Je suis avec le plus profond respect,

Monsieur,

Votre très-humble et très-obéissant serviteur et élève,

ANIEL.

PERSONNAGES.	ACTEURS.
VÉNUS,	M.lle Coustou.
APOLLON,	M. Aniel.
CLYTIE,	M.me Martin.
L'AMOUR,	M.lle Pauline.
ZÉPHIRE,	M. Barrez.
THERPSICORE, FLORE,	M.me Constant.
MERCURE,	M. Prestat.
LES GRACES;	M.mes Romain. Zélia. Désirée.
SATYRES;	M.rs Robillon. Mazurier. Alexis. Antoine.

Toutes les Divinités de l'Olympe, Faunes, Bacchantes, Ris, Jeux et Plaisirs, Bergers et Bergères.

Mesdames des Chœurs, Messieurs et Mesdames du Corps de Ballet.

APOLLON ET CLYTIE,

BALLET.

ACTE I.ᴇʀ

Le Théâtre représente une campagne riante; à droite, un temple de l'Amour; à gauche, le bosquet de Flore, et plus bas, une fontaine sortant d'un rocher; sur les côtés, plusieurs statues, parmi lesquelles on distingue celle de Bacchus.

SCÈNE I.ʳᵉ

Au lever du rideau, l'on voit Flore qui arrose son bosquet; elle est entourée de Nymphes, des Jeux, des Ris et des Plaisirs. L'Amour et les Nymphes engagent Flore à se joindre à leurs amusemens : celle-ci refuse et paraît inquiète de l'absence de Zéphire. Le ciel s'obscurcit et l'on entend gronder l'orage : les coups redoublés du tonnerre troublent les Jeux, mais bientôt leur crainte se dissipe en voyant renaître la sérénité.

SCÈNE II.

Des sons doux et légers annoncent l'arrivée de Zéphire qui reçoit les reproches de l'aimable

Flore : l'Amour sollicite et obtient son pardon. Tous se livrent à la joie : différens jeux animent ce tableau. Flore et Zéphire sortent suivis et précédés des Nymphes.

SCÈNE III.

L'Amour resté seul, s'appuye sur son arc et paraît plongé dans la méditation : une idée agréable s'offre tout-à-coup à son esprit ; il tire un trait de son carquois et l'aiguise sur le rocher d'où jaillit la fontaine.

SCÈNE IV.

Apollon paraît ; une rêverie profonde absorbe toutes ses pensées. Il n'aperçoit pas l'Amour qui le reconnaît. Il s'assied sur le banc placé près du berceau de Flore et accorde sa lyre. L'Amour passe légèrement derrière lui. Les concerts harmonieux d'Apollon attirent bientôt des groupes de Bergers et de Bergères qui environnent le Dieu. L'Amour les invite au silence, et semble lui-même craindre de le distraire. Bientôt le sommeil ferme les yeux d'Apollon : alors, l'Amour engage les Bergers à se retirer, et revient se placer près d'Apollon : là, il s'appuye de rechef sur son arc.

SCÈNE V.

L'Amour aperçoit Clytie qui va porter une offrande à l'autel de Diane : un sourire malin semble le tirer alors de sa méditation : il ôte un trait de son carquois et en frappe Apollon qui s'éveille et cherche la main qui l'a blessé : il aperçoit Clytie et vole au-devant d'elle ; il veut lui exprimer la passion qu'elle lui inspire, mais la nymphe lui lance un regard de fierté : il devient plus pressant ; Clytie veut fuir, mais l'Amour retient ses pas et la blesse du même trait dont il a frappé Apollon. Clytie lui reproche le mal qu'il vient de lui faire, mais il en rit : Apollon profite de ce moment pour continuer ses instances ; il tombe à ses genoux, et Clytie lui fait l'aveu du plus tendre retour.

SCÈNE VI.

Pendant que les deux amans expriment leur bonheur dans un pas de deux voluptueux, Vénus, témoin de cette scène, paraît indignée de l'inconstance d'Apollon ; elle manifeste son ressentiment et jure de se venger.

Après de nouvelles protestations d'amour, Clytie quitte Apollon et lui promet de revenir ; celui-ci la suit des yeux et se retire lorsque l'éloignement la dérobe à ses regards.

SCÈNE VII.

Vénus paraît sans crainte d'être aperçue ; sa démarche peint l'égarement d'une fureur jalouse; elle s'arrête et semble se livrer au sentiment de la vengeance. Pendant ce tems, l'Amour arrive disputant un bouquet à Zéphire ; Vénus aperçoit ce dernier, elle lui fait part de l'infidélité d'Apollon; l'Amour, sans être aperçu de sa mère, écoute attentivement.

Zéphire assure Vénus de son zèle et lui demande quels moyens il emploîra pour servir sa vengeance. Vénus lui explique que Clytie doit se rendre bientôt dans ce lieu avec Apollon ; que si lui, Zéphire, peut l'enlever et la conduire à Cythère, elle espère la faire renoncer au cœur d'Apollon. Zéphire lui promet de ne rien négliger pour remettre Clytie en son pouvoir : il accompagne Vénus jusqu'à son char qui disparaît dans les airs, et il se retire.

SCÈNE VIII.

L'Amour resté seul, manifeste sa joie de pouvoir traverser les projets de sa mère et de Zéphire. Il réfléchit au stratagême qu'il emploîra pour sauver Clytie des fausses caresses que doit lui faire Zéphire : puis, apercevant Apollon, il lui fait part du complot dont Clytie doit être victime : à cette nouvelle, Apollon paraît furieux; mais l'Amour lui explique les moyens de prévenir cet enlèvement, en lui proposant de se rendre à **Cythère** sous les traits de Bacchus : Apollon sourit de la ruse, il approuve ce projet et suit l'Amour.

SCÈNE IX.

Zéphire et Flore s'avancent suivis de leur cour : Zéphire aperçoit Clytie qui cherche des yeux Apollon : il apprend à Flore que Vénus lui ordonne d'enlever la Nymphe. Flore se joint à lui pour inviter Clytie à suivre l'exemple des Ris et des Jeux qui les entourent. Clytie accepte leurs perfides propositions, et au milieu de cette danse générale, Zéphire l'enlève. Tableau.

Fin du premier acte.

ACTE II.

Le théatre représente l'intérieur des jardins de Cythère; au fond, une onde pure en ferme l'enceinte; à gauche, sur le devant, est un temple élevé à Vénus.

SCÈNE I.re

Apollon, sous les traits de Bacchus, passe le fleuve, et arrive guidé par l'Amour : il témoigne l'agitation qu'il éprouve et le désir de recouvrer Clytie : l'Amour, qui aperçoit Vénus, rappelle à Apollon ce dont ils sont convenus. Il l'emmène.

SCÈNE II.

Vénus paraît triste, le retard de Zéphire semble l'inquiéter..... L'aurait-il trahie?... Cette idée l'agite. L'Amour vient et questionne sa mère : il veut connaître ses chagrins, il lui demande quel est l'auteur des maux qu'elle éprouve : Vénus l'accuse d'avoir causé tous ses malheurs; il cherche à la consoler et lui annonce que Bacchus vient lui présenter ses hommages.

SCÈNE III.

Un murmure joyeux précède l'entrée d'Apollon sous les traits de Bacchus. Il arrive sur un char traîné par des panthères et entouré de Faunes, de Satyres et de Bacchantes. Des airs plus doux annoncent l'arrivée de Therpsicore qui entre accompagnée des Graces, des Ris et des Jeux. (*Danse générale.*) Zéphire paraît amenant Clytie. Vénus feint d'être surprise à leur aspect. Zéphire paraît lui-même étonné de trouver Vénus ainsi entourée. Clytie manifeste son mécontentement et accable Zéphire de reproches; puis, apercevant Vénus, elle court se jeter à ses pieds et implore sa protection. Vénus la relève, et Zéphire aussitôt proteste de son innocence. Il jure qu'il a été retenu par les vents, et qu'il n'a pu rejoindre le berceau de Flore. Apollon se contient à peine, il est prêt à faire éclater son indignation..... Vénus rassure Clytie qui désire se retirer, et lui promet de lui donner un guide pour la ramener aux lieux où elle a fixé son séjour. Clytie persiste à vouloir partir : alors Apollon s'approche d'elle et la retient : l'Amour, de son côté, lui fait signe de rester; Zéphire voltige autour d'elle, et semble solliciter son pardon. Apollon engage Clytie à venir s'asseoir près de Vénus.

Zéphire, Therpsicore et les Graces forment groupe. Apollon prie Vénus et Clytie de danser avec lui. Après ce pas de trois, la danse devient générale. Pendant ce tableau, Vénus semble se concerter avec Zéphire; l'Amour, caché dans un bosquet, y attire Clytie, et disparaît avec elle. L'arrivée de Mercure interrompt les jeux ; il annonce à Apollon que Jupiter le rappelle à l'Olympe, et que toutes les Divinités l'attendent à la Cour céleste. Apollon quitte les attributs de Bacchus, et jouit du trouble de Vénus qui paraît surprise et anéantie : elle ne sait si l'Amour ou la haine l'emporte dans son cœur; Apollon, à ses pieds, veut rappeler ses forces prêtes à s'abattre ; il est entraîné par Mercure: Toute la cour de Cythère paraît plongée dans une profonde tristesse ; Zéphire agite l'air de ses ailes, et Vénus est rendue aux soins des Grâces ; mais elle n'aperçoit point l'objet que son cœur désirerait trouver : elle cherche des yeux l'infortunée Clytie ; elle veut la livrer à la rage des Bacchantes, qu'elle anime à sa recherche.......

Le ciel se découvre, et laisse voir Jupiter au milieu des Dieux. Sous l'Olympe, paraît le Mont Parnasse où l'on voit l'Amour arriver avec Clytie. Il la dépose entre les mains des Muses. L'Aurore précède le char d'Apollon..... (Tableau).

FIN.

www.ingramcontent.com/pod-product-compliance
Lightning Source LLC
Chambersburg PA
CBHW071442060426
42450CB00009BA/2270